AF602814

ORIGINE

DE

LA GAMME MODERNE

OU

THÉORIE RAISONNÉE DE LA MUSIQUE

DE L'IMPRIMERIE DE CH. LAHURE
(Ancienne maison Crapelet)
RUE DE VAUGIRARD, 9, PRÈS DE L'ODÉON

ORIGINE

DE LA

GAMME MODERNE

OU

THÉORIE RAISONNÉE DE LA MUSIQUE

PAR

J. LESFAURIS

PARIS

LIBRAIRIE DE L. HACHETTE ET Cie

RUE PIERRE-SARRAZIN, N° 14

1852

ORIGINE

DE

LA GAMME MODERNE,

OU

THÉORIE RAISONNÉE DE LA MUSIQUE.

INTRODUCTION.

La théorie physico-musicale des traités d'acoustique ne saurait être sérieuse, rien ne démontre la nécessité de la gamme qui lui sert de base; par qui cette gamme qu'on introduit empiriquement a-t-elle été fournie aux physiciens? Sont-ils bien assurés qu'un musicien d'une oreille plus délicate que celui qui la leur a jouée n'en produirait pas une quelque peu différente?

D'ailleurs cette gamme reproduite de confiance des plus anciens traités, n'est pas la gamme du système moderne, elle n'a pas de sensible; c'est la gamme du plain-chant, ou plutôt la gamme de laquelle sortent les gammes du plain-chant.

La gamme d'un système musical, et tout système en a une, n'est pas, comme on l'avait cru, une simple série d'intervalles de secondes; ce n'est là qu'un accident résultant de la mise par ordre d'acuité des intervalles divers; elle est le résumé, la synthèse du système; par elle on doit expliquer tout ce qui se pratique en musique : d'où il ressort *a priori*, que l'acoustique ne possède pas les données pour dresser une gamme musicale, en montrer la nécessité; ces données se rattachent à l'esthétique; je m'explique :

L'esthétique ou science du vrai au point de vue du beau, se divise naturellement en deux branches, correspondant au double moyen que possède l'homme de percevoir le beau par l'ouïe et la vue : c'est du moins ainsi que nous la comprenons.

Des principes généraux du beau, essentiel et divin, perçu par l'intelligence pure, elle passe à la théorie des arts qui s'adressent à l'ouïe, et des arts qui s'adressent à la vue; ces théories commencent nécessairement par la gamme des sons et la gamme des couleurs, à moins de n'avoir pas de commencement.

Nous nous proposons donc, en expliquant l'origine de la gamme, d'établir la théorie des arts relatifs à l'ouïe.

Par le sens de l'ouïe on distingue dans le son musical[1] sept propriétés :

Intonation, durée. — Éléments de la musique et de toute musique[2], d'où théorie de la musique (Ire partie).

Timbre, intensité. — Éléments de l'expression, d'où théorie de l'expression (IIe partie).

Résonnance, réflexion, propagation. — Théorie de la facture des instruments de musique. — Théorie de la construction du local propre à faire de la musique (IIIe partie)[3].

C'est qu'en effet la manifestation pour l'ouïe de la musique, et de toute musique, exige trois choses : d'abord

1. L'ouïe ne perçoit pas la couleur des corps, ni leurs propriétés matérielles : étendue, porosité, etc. Les propriétés que ce sens a la faculté de percevoir sont d'un autre ordre.

2. Musique des vers, musique de la prose, musique proprement dite; la musique serait, de la sorte, la plastique de l'ouïe.

3. A traiter séparément.

l'œuvre, puis un musicien avec son instrument pour la manifester, lui donner la vie, et enfin un local convenable.

Notre travail est nécessairement imparfait; les matières qu'il embrasse exigeraient, pour être convenablement traitées, le concours d'hommes intelligents dans la musique et les diverses branches qui s'y rattachent. En l'état actuel des choses, si la pratique a réalisé d'incontestables progrès dans la facture des instruments, mais surtout en musique, dans les chefs-d'œuvre immortels de maîtres de l'époque, il faut reconnaître que la théorie est bien arriérée, pour ne rien dire de désobligeant; d'ailleurs nous n'aurions pu, malgré le respect que nous inspirent certains noms, nous servir de leurs travaux, faire un livre avec des livres, nous qui considérons la gamme comme le résumé du système, tandis qu'on la regarde partout comme une simple série de secondes; aussi nous a-t-il fallu tout créer, et c'est ce que nous avons fait sans nous embarrasser de ce qui a été dit ou écrit par d'autres; si par hasard nous nous rencontrons sur beaucoup de points, nous en serons très-heureux; il sera facile en examinant l'enchaînement des idées et l'unité de notre théorie se résumant dans l'origine de la gamme, de distinguer ce qui en découle nécessairement de ce qui ne serait qu'une rencontre fortuite ou un plagiat.

De quelle utilité est ce très-petit livre qui contient pourtant la première et la deuxième partie de notre œuvre?

D'abord les personnes habituées à l'étude, et qui ne veulent que comprendre la musique sans la pratiquer, c'est-à-dire se rendre compte du but et des moyens employés, pourront y parvenir comme pour toute autre science, résultat impossible auparavant, alors qu'elles n'avaient à consulter que des ouvrages pratiques, ou des théories composées d'une multitude de faits plus ou moins importants, sans liaison nécessaire, sans unité.

Quant à celles qui apprennent la musique, il est à peine utile de dire que nulle théorie ne saurait remplacer les ouvrages pratiques; si on veut devenir musicien, il n'est que trop vrai qu'il faut pratiquer longtemps la musique, aidé des conseils de bons professeurs; mais lorsqu'on a en partie surmonté les difficultés matérielles, si on veut se perfectionner, aller en avant, il faut absolument se débarrasser des explications empiriques[1] qui ont pu suffire pour assurer les premiers pas dans la carrière, et chercher à se rendre compte du but et des moyens de l'art en remontant à l'origine des choses : c'est à ce moment qu'on doit prendre mon livre, non pour accepter aveuglément ce qu'il renferme; mais pour le critiquer, chercher des explications plus satisfaisantes.

Ce livre s'adresse donc à ceux qui savent, et à ceux qui ne savent pas la musique; et le double résultat qu'il se propose sera atteint malgré toutes ses imperfections; car il aura montré à de plus habiles la possibilité de l'atteindre.

1. Relatives à la gamme majeure et mineure; aux tons, aux modes, aux dièses et bémols; aux notions sur la mesure, aux mouvements divers usités en musique, etc.; ces explications, qu'on donne sous le titre de principes dans les ouvrages pratiques élémentaires, ne sont rien moins que des principes.

PREMIÈRE PARTIE.

CHAPITRE PREMIER.

DÉFINITION DU SON.

L'ouïe perçoit dans le son musical : l'intonation, ou vitesse dans le temps, la durée, l'intensité, le timbre, la résonnance, la propagation, et la réflexion : ce sont là des propriétés, non pas de la matière, mais du mouvement : donc, dans l'acception la plus large, le son peut se définir : le *mouvement perçu par l'ouïe.*

Le mouvement est répandu dans la nature : c'est la vie, et, bien que tout mouvement n'apporte pas un son à l'oreille, partout où il y a un son produit, il y a mouvement.

Le son est musical, et nous aurions dû avertir que celui-là seul nous occupe, dès qu'il y a transformation d'une série de sensations identiques en une sensation unique, continue ; absolument comme une suite de points très-rapprochés se transforment pour l'œil en une ligne : à ce moment et seulement alors on peut suffisamment apprécier son degré d'acuité ou de gravité, pour lui assigner sa place dans un système de sons, appréciation impossible si la sensation n'est pas continue, identique. D'où il résulte que le son n'est pas musical lorsqu'il n'y a pas possibilité d'apprécier suffisamment son intonation, à quelque cause que se rattache d'ailleurs cette impossibilité.

Pour produire le son, trois choses sont nécessaires : un corps, un milieu, du mouvement[1]. Nous ne nous occupe-

1. Ou bien c'est le corps qui est en mouvement : c'est le cas d'une corde

rons que de l'une des trois, *celle perçue par l'ouïe :* le mouvement; absolument comme si les sons pouvaient se produire sans milieu et sans corps. En les dégageant ainsi de leur dépouille matérielle, nous nous débarrassons des faits inutiles, dont l'ouïe n'a que faire, puisque ce sens ne voit ni ne palpe les corps matériels. Et du même coup, nous traçons nettement la ligne qui sépare l'acoustique de l'esthétique.

Nous laissons à l'acoustique la partie matérielle des sons, c'est-à-dire leurs divers modes de production : par des cordes, tuyaux, tiges, plaques, etc. ; les divers milieux où ils se produisent : liquides, solides, gazeux, etc. ; les rapports des sons avec la longueur, la tension, le poids, etc... ; pour ne nous occuper, nous le répétons, que de ce que l'ouïe perçoit : le mouvement, au point de vue de l'art, ce qui signifie au point de vue de la relation.

L'acoustique et l'esthétique sont de la sorte bien faciles à distinguer : l'une commence où l'autre finit; d'ailleurs, elles envisagent les sons à deux points de vue bien différents : l'une s'occupe de leur production ; l'autre ne considère, au point de vue de l'art, que ce que l'oreille perçoit, que ce soit le mouvement ou toute autre chose, il n'importe.

pincée qui choque l'air à droite et à gauche du point de tension, et produit ainsi une série continue de chocs qu'on appelle *vibrations ;* ou bien c'est l'air ou tout autre milieu en mouvement qui rencontre un orifice étroit, comme cela a lieu dans les instruments à tuyaux et à becs immobiles.

Tous les autres cas quels qu'ils soient, archet, percussion, etc., se rattachent nécessairement à ces deux modes généraux, et n'en sont que des modifications plus ou moins heureuses.

CHAPITRE II.

LOIS DU SON MUSICAL [1].

Quels sont les rapports nécessaires qui dérivent de la nature des choses. — Sensation et son musical.

Une série de sensations identiques suffisamment rapprochées se transforment en une sensation unique (voir *Son musical*) ; c'est là un phénomène général en physiologie. S'agit-il du sens de l'ouïe, cette transformation permet à l'ouïe, nous l'avons dit, d'apprécier le degré d'acuité, ou intonation des sons, de les distinguer entre eux, et, conséquemment, de les classer, c'est-à-dire de leur assigner leur place dans un système de sons.

Pour les classer, il semble qu'on pourrait se contenter de les ranger arbitrairement par ordre d'acuité. Il n'en est pourtant pas ainsi, et l'oreille a des préférences, des sympathies, qui se rattachent à la simplicité des rapports des sons : les rapports simples plaisent à l'oreille, et on ne saurait en être surpris, car l'ordre et la simplicité exercent leur influence dans ce fait comme partout ; c'est une loi générale de la nature.

S'il en est ainsi, l'identité de sensations et la simplicité des rapports sont des nécessités inhérentes à la sensation.

Passons au son lui-même. Les physiciens ont observé

1. Ce chapitre s'adresse plutôt aux savants qu'aux musiciens ; j'aurais voulu qu'il eût été possible de ne pas le produire avec ses développements et surtout les chiffres ; les musiciens pourront parfaitement se dispenser de le lire ; car son but unique est de démontrer, d'après les nécessités dérivant de la sensation, et en s'appuyant sur un phénomène observé par les savants eux-mêmes (son fondamental et harmoniques de la corde), que la relation des sons dépend du nombre de vibrations qu'ils font dans le même temps.

qu'une corde convenablement disposée produit simultanément un son fondamental, c'est le plus grave, et d'autres sons très-faibles dits harmoniques : à l'octave, douzième, double octave et dix-septième. Tel est le fait matériel observé par la science ; les conséquences qu'il renferme ont dû nécessairement lui échapper, car elles sont d'un ordre d'idées qui se rattache à l'esthétique. Les voici :

Les sons produits dans ce phénomène sont dans les rapports de 1, 2, 3, 4, 5, c'est-à-dire que, dans le même temps, ils font une, deux, trois, quatre et cinq vibrations; le son qui fait une vibration dans le temps que l'autre en fait deux diffère avec lui de vitesse; cette différence, et toute différence de vitesse perçue par l'ouïe, est ce qu'on nomme en musique *intervalle.* Ici l'intervalle est d'une octave. Le son qui fait deux et celui qui fait trois vibrations sont à l'intervalle de quinte ; celui qui en fait trois et celui qui en fait quatre sont à l'intervalle de quarte ; enfin, celui qui en fait quatre et celui qui en fait cinq sont à l'intervalle de tierce majeure.

Ces intervalles plaisent à l'oreille et se fondent dans une harmonieuse unité, parce qu'ils sont dans les rapports les plus simples avec le son fondamental. Ils sont produits simultanément parce que c'est une conséquence de la forme cylindrique de la corde, qui s'explique aisément sans qu'il soit nécessaire de faire intervenir des nœuds et des ventres : une corde d'instrument peut en effet être considérée comme engendrée par une série de cordes *juxtaposées;* en choquant l'air à droite et à gauche du point de tension, elle y imprime, pour ainsi parler, sa forme, et produit plusieurs sons simultanément, absolument comme s'il y avait une infinité de cordes.

Si nous voulons connaître les harmoniques plus petits que les intervalles de tierce, quarte, quinte et octave, harmoniques qui ne sauraient être produits distinctement par la corde, à cause sans doute de leur petitesse, nous n'avons qu'à rapprocher les rapports, condenser pour ainsi dire les intervalles obtenus directement ; et nous apercevons tout d'abord que l'octave se décompose en deux intervalles plus petits, quarte, quinte.

La quarte est indécomposable[1], la quinte se décomposera donc en deux tierces ; celles-ci en deux secondes ; les secondes en deux demi-tons ; ceux-ci en quart de ton, etc., à l'infini, ce qui donne la série de rapports :

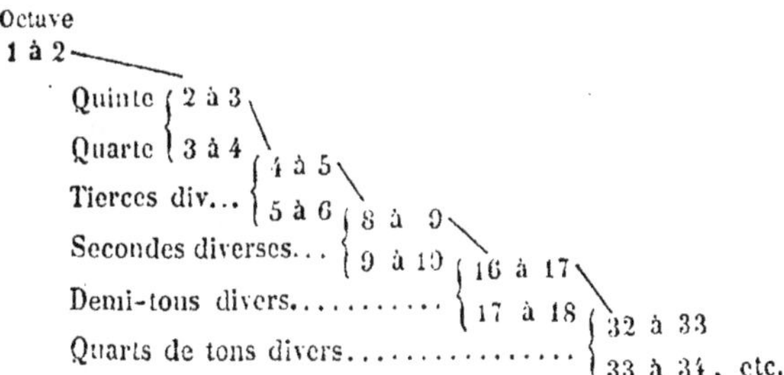

Tels sont les intervalles les plus simples provenant de la décomposition du rayon sonore ; et cette série contient, à moins d'admettre qu'on ait cherché à faire de la musique avec des sons sans relation, les sons de tout système musical ancien ou moderne, puisque les intervalles qui la composent dérivent de la nature des choses : *sensation et forme de la corde*. D'où nous concluons que la loi de relation des sons est en raison directe de la simplicité de leurs rapports.

1. La quarte n'est que le renversement de la quinte, et au reste la corde indique que c'est la quinte qu'il faut décomposer, puisqu'elle donne directement le rapport 4 à 5.

CHAPITRE III.

TONALITÉ, TON.

Nous possédons évidemment les intervalles de tout système musical ancien ou moderne ; il ne nous manque, pour dresser les gammes du système moderne et du plain-chant, que de connaître comment on les a employés, ceux qu'on a employés : c'est-à-dire comment on a compris leur relation dans ces deux systèmes : c'est cela qui constitue la tonalité du système.

Le ton n'est que l'application de la tonalité à un son ou ton fixe, pris pour tonique ou fondamentale; le ton se compose des sons appartenant à la même corde, c'est pour ainsi dire une famille de sons; on les range par ordre d'acuité dans une gamme, ou par groupes appelés accords.

La perfection de la tonalité, on le conçoit sans peine, est liée au degré d'intelligence, de civilisation des peuples; bien que susceptible de certaines modifications, elle n'est pourtant pas aussi arbitraire qu'on le pourrait imaginer : car les arts, sous peine d'engendrer le chaos, d'être incompris, sont forcés de se soumettre à la nature des choses.

L'instinct, le sentiment de l'art révèle au compositeur la tonalité; il la sent, la pratique dans ses œuvres ; c'est cette intelligence secrète et instinctive des choses qui est son génie ; une telle notion semblait par sa nature devoir échapper à l'analyse, nous sommes pourtant parvenus à l'analyser ; voici cette analyse froide et sèche dans les deux systèmes de l'époque : musique moderne et plain-chant.

Dans la musique moderne nous remarquons : 1° que tous les sons convergent plus ou moins vers la tonique ou fondamentale ; elle seule produit, placée dans les conditions convenables, la sensation de repos complet; 2° l'intervalle le plus petit du ton est celui de la sensible à la tonique ; 3° il y a deux modes ou manières de faire les tierces.

C'est ainsi que dans ce système on a compris la tonalité ou relation des sons.

Dans le plain-chant la tonalité a moins d'unité : 1° les sons convergent autour de deux sons appelés : dominante et tonique ; 2° il n'y a pas de sensible, et le plus petit intervalle est celui de seconde ; 3° il n'y a pas de modes, ils sont remplacés par deux manières d'employer les sons de la gamme qui constituent ce qu'on appelle le ton authentique et le ton plagal.

Appliquant ces notions de la tonalité à un ton ou son fixe, nous allons dresser les gammes modernes et du plain-chant.

Soit ce son celui d'une corde *x;* nous l'appellerons *ut*, et nous supposerons qu'il fait dans la seconde un nombre de vibrations représenté par 1 :

Les intervalles de : quarte, tierce majeure, seconde, rangés autour[1] d'*ut* et dans l'ordre ascendant produisent le tétracorde

ut	*ré*	*mi*	*fa.*
1	$1\frac{1}{8}$	$1\frac{1}{4}$	$1\frac{1}{3}$.

Les intervalles de demi-ton, tierce mineure, quarte, donnent le tétracorde descendant

sol	*la*	*si*	*ut.*
$\frac{3}{4}$	$\frac{5}{6}$	$\frac{16}{17}$	1.

Telle est la gamme majeure du système moderne ; pour l'avoir mineure, il n'y a qu'à changer l'ordre des tierces ; mettre la tierce mineure dans le tétracorde ascendant, et la tierce majeure dans le tétracorde descendant.

1. Quarte..... $3 : 4 :: 1 : 1\frac{1}{3}$ — Demi-ton.. $17 : 16 :: 1 : \frac{16}{17}$
Tierce..... $4 : 5 :: 1 : 1\frac{1}{4}$ — Tierce.... $6 : 5 :: 1 : \frac{5}{6}$
Seconde... $8 : 9 :: 1 : 1\frac{1}{8}$ — Quarte.... $4 : 3 :: 1 : \frac{3}{4}$

Et pour la présenter sous la forme usuelle, on n'a qu'à renverser [1] l'un des deux tétracordes.

On le voit, cette gamme se compose non pas d'une série de secondes, comme on l'avait cru, mais d'une quarte, deux tierces, une seconde, et enfin un demi-ton, qui par le fait du renversement engendrent les autres intervalles; et par suite la gamme se trouve composée de tonique, seconde, tierce, quarte, sixte, septième, octave; et ces intervalles rangés par ordre d'acuité s'appellent indifférem-ment :

1er DEGRÉ.	2e DEGRÉ.	3e DEGRÉ.	4e DEGRÉ.	5e DEGRÉ.	6e DEGRÉ.	7e DEGRÉ.	8e DEGRÉ.
—	—	—	—	—	—	—	—
Tonique ou *ut*	Sus-tonique ou *ré*	Médiante ou *mi*	Sous-dominante ou *fa*	Dominante ou *sol*	Sus-dominante ou *la*	Sensible ou *si*	Tonique ou *ut*

Quant aux fonctions de ces sons dans la tonalité, elles découlent de leur origine même : les premier, quatrième et cinquième degrés sont des notes tonales, conséquemment invariables; les troisième et sixième degrés sont les notes modales; le septième degré est la note sensible; le deuxième degré n'a pas de fonctions tonales ou modales.

Or, comme les fonctions ne changent pas, qu'on emploie ces sons successivement ou simultanément (mélodie ou harmonie), on conçoit sans peine que les groupes de sons appelés accords ne peuvent être qu'un nouvel aspect de la gamme [2].

1. Soit le tétracorde descendant.

Exemple :

1	$1\frac{1}{8}$	$1\frac{1}{4}$	$1\frac{1}{3}$	$1\frac{1}{2}$	$1\frac{2}{3}$	$1\frac{15}{17}$	2	
ut	*ré*	*mi*	*fa*	*sol*	*la*	*si*	*ut*	— mode majeur
ut		$1\frac{1}{5}$			$1\frac{3}{5}$		*ut*	— mode mineur.

Et c'est même à ce fait, nous le notons en passant, qu'on doit rattacher l'origine du renversement pratiqué dans l'harmonie.

2. C'est ce qui sera mis hors de doute dans un petit traité d'harmonie que nous publierons; en attendant, il nous paraît impossible qu'on puisse contester le fait, à moins que la gamme et les accords du même système n'aient pas de rapport, ce qui serait absurde.

Gamme du plain-chant.

Les intervalles de quarte, tierce majeure, seconde, tierce mineure, quarte, rangés autour de la tonique *ut* donnent l'hexacorde

	sol	*la*	*si*	*ut*	*ré*	*mi*	*fa.*
	$\frac{3}{4}$	$\frac{5}{6}$		1	$1\frac{1}{8}$	$1\frac{1}{4}$	$1\frac{1}{3}$.
L'intervalle de tierce majeure de *sol* complète la gamme.			*si* $\frac{15}{16}$.				

Pour avoir la gamme sous la forme usuelle, il n'y a également qu'à renverser l'un des deux tétracordes[1].

Avec cette gamme sans attraction impérieuse, elle n'a pas de sensible, ou plutôt elle en aurait deux puisque les intervalles *mi fa* et *si ut* sont semblables ; on a fait huit gammes qui ne sont que huit manières de la répéter, en partant de chacune des notes qui la composent[2]; d'où il

1. Soit le descendant.

Exemple :	*ut*	*ré*	*mi*	*fa*	*sol*	*la*	*si*	*ut*
	1	$1\frac{1}{8}$	$1\frac{1}{4}$	$1\frac{1}{3}$	$1\frac{1}{2}$	$1\frac{2}{3}$	$1\frac{7}{8}$	2.

2. 1er TON. Finale *ré.*
Dominante *la.* — *Ré mi* $\frac{1}{2}$ *fa sol la si* $\frac{1}{2}$ *ut ré.*

3e TON. Finale *mi.*
Dominante *ut.* — *Mi* $\frac{1}{2}$ *fa sol la si* $\frac{1}{2}$ *ut ré mi.*

5e TON. Finale *fa.*
Dominante *ut.* — *Fa sol la si* $\frac{1}{2}$ *ut ré mi* $\frac{1}{2}$ *fa.*

7e TON. Finale *sol.*
Dominante *ré.* — *Sol la si* $\frac{1}{2}$ *ut ré mi* $\frac{1}{2}$ *fa sol.*

2e TON. Finale *ré.*
Dominante *fa.* — *La si* $\frac{1}{2}$ *ut ré mi* $\frac{1}{2}$ *fa sol la.*

4e TON. Finale *mi.*
Dominante *la.* — *Si* $\frac{1}{2}$ *ut ré mi* $\frac{1}{2}$ *fa sol la si.*

6e TON. Finale *fa.*
Dominante *la.* — *Ut ré mi* $\frac{1}{2}$ *fa sol la si* $\frac{1}{2}$ *ut.*

8e TON. Finale *sol.*
Dominante *ut.* — *Ré mi* $\frac{1}{2}$ *fa sol la si* $\frac{1}{2}$ *ut ré.*

Les quatre tons pairs sont les plagaux : les impairs sont dits authentiques.

résulte, et c'est fort important à signaler, afin d'éviter les quiproquo, que les mots : *ut ré mi fa sol la si ut,* sont pris dans une acception étroite absolue, tandis que dans la gamme moderne, ils sont employés dans le sens général de : tonique ou premier degré, sus-tonique ou deuxième degré, médiante ou troisième degré, sous-dominante ou quatrième degré, dominante ou cinquième degré, sus-dominante ou sixième degré; sensible ou septième degré. Les mots ton, tonique, modes, genres et autres employés en musique ont souvent des acceptions diverses dans chaque système ; la première chose, la plus importante, est de définir nettement la tonalité du système afin de connaître la valeur exacte des mots qu'on emploie, c'est ce qu'on ne fait jamais ; en outre, on marie des mots de différents systèmes; il en résulte un véritable gâchis dont il faudrait sérieusement songer à sortir.

CHAPITRE IV.

DE LA DURÉE ET DU MOUVEMENT CONSIDÉRÉS DANS LA MUSIQUE.

Au chapitre premier nous avons défini le son, le mouvement perçu par l'ouïe.

Nous avons ajouté que le son est musical, dès qu'il y a transformation d'une série de sensations identiques en une sensation unique, continue. Pourtant cette transformation ne produit pas toujours un son musical, c'est-à-dire un son dont le degré d'acuité ou de gravité soit suffisamment appréciable : ainsi, une roue qui se meut sur un plan régulier, une bille sur une table, les trains de chemin de fer, les moulins à blé, métiers à bas, etc., etc., sont autant d'exemples pris au hasard qui le prouvent. C'est que la qualité aiguë ou grave du son exige sans doute certaines conditions que l'acoustique a mission d'expliquer, puisqu'elle s'occupe des divers modes de production ; nous devons nous borner, afin de montrer l'origine du mouvement dont il est question dans ce chapitre, à signaler ce fait que le son musical se compose de deux éléments que l'oreille a la faculté de percevoir réunis ou séparés : le mouvement et le ton.

Dans les exemples cités, l'oreille perçoit le mouvement, moins le ton ; lorsque le son est musical, la perception est complexe : car le ton ou degré d'acuité du son musical, dit à la fois sa vitesse dans le temps, puisqu'il dépend du nombre de vibrations dans la seconde ; et aussi l'espace parcouru puisque si ces vibrations étaient à la suite les unes des autres, l'espace parcouru, toutes choses égales d'ailleurs, dépendrait du nombre de vibrations dans la seconde.

S'il en est ainsi, les chiffres qui indiquent les vibrations de chacun des sons de la gamme établie chapitre troisième, désignent aussi les mouvements dont la relation est la plus simple. Il ne s'agit que de leur donner les noms consacrés par l'usage : *allegro*, *moderato*, etc. (Voir sur notre métronome les noms des sept principaux mouvements.)

Occupons-nous maintenant de la durée [1].

Le mouvement, quel qu'il soit, a une durée qui embrasse l'étendue de la phrase musicale, phrase que pour plus de simplicité nous pouvons supposer dite avec la même intonation, comme cela a lieu lorsque l'instrument ne dispose que d'un son : le tambour, par exemple.

La durée est susceptible de division ou de relation : la division s'indique par des barres qui jalonnent, divisent la phrase en huit parties ou mesures [2]; la relation, le mot l'indique, résulte de la simplicité du rapport des diverses durées contenues dans la phrase musicale; cette relation engendre ce qu'on appelle le *rhythme*.

La division ou mesure ne saurait nous occuper; seulement nous dirons qu'à cause de sa symétrie elle marque les temps forts du rhythme [3]. Quant à la relation, on le comprend sans peine, qu'il s'agisse d'intonation, de mouvement ou de durée, la relation résulte toujours de la simplicité des rapports : d'où la conséquence, que c'est encore dans la gamme que nous trouverons les rapports qui régissent le rhythme de notre système musical.

Ainsi, les nombres 1, 2, 3, 4, 5, 6, 8, 9, 10, 16, 17, etc., etc., indiquent les rapports de durée les plus simples : la durée de la phrase étant 1, les chiffres 2, 4, 8, 16,

1. Plus il y a de vibrations à la seconde, toutes choses égales d'ailleurs, moins elles durent; ainsi l'intonation donne à la fois la vitesse dans le temps, dans l'espace et la durée des vibrations; mais il n'est pas question ici de la durée des vibrations : c'est de la durée du mouvement qu'il s'agit.

2. Chaque mesure se subdivise en deux, trois ou quatre parties appelées *temps*.

3. Voir IIe partie, chap. II, la mesure et le rhythme.

32 (octaves de durées), donnent la moitié, le quart, le huitième, le seizième de la durée de la phrase, et peuvent former autant de groupes de durée (membres rhythmiques) : chaque groupe a une durée principale autour de laquelle se rangent les durées qui en dépendent; et c'est de la liaison, de la relation des divers groupes de durée dans *l'unité*, que résulte ce qu'on appelle rhythme.

CHAPITRE V.

THÉORIE DE LA MUSIQUE.

Toutes les fois qu'on s'est occupé de la gamme, on n'a considéré que son apparence, et on n'a vu qu'une suite d'intervalles de secondes[1]; on aurait pourtant dû s'apercevoir que ce n'est là qu'un accident résultant de la réunion par ordre d'acuité des intervalles du système, à moins d'ignorer les notions les plus élémentaires de l'harmonie, à moins de la renier, d'avouer qu'elle n'a pas de raison d'être, elle qui n'emploie que des intervalles de tierce, sixte, quinte, septième, etc., etc. Il fallait, sans s'arrêter à des dehors trompeurs, chercher l'origine de chacun des sons qui la composent, la déduire de la tonalité du système, et ainsi arriver à condenser, résumer le système dans la gamme[2]: c'est ce que nous avons essayé de faire.

Maintenant que nous possédons les sons du système sous deux aspects, c'est-à-dire dans une gamme ou bien par groupes appelés accords[3], nous avons, pour ainsi parler, les lettres avec lesquelles on compose les mots et les phrases de la langue appelée musique, langue éminem-

1. Les musiciens l'ont considérée comme une échelle de sons, éminemment propre à exercer les élèves.

2. D'où la conséquence, pour le dire en passant, qu'il ne suffit pas, pour faire connaître tel ou tel système de l'antiquité, de donner les sons de leur gamme ; il faut expliquer la tonalité du système, les déduire de la tonalité. Il en est de même de l'écriture musicale ancienne; on ne saurait en apprécier le mérite qu'autant que la tonalité du système à laquelle elle appartient, est parfaitement définie, nettement indiquée.

3. Voir dans notre *Théorie de l'harmonie*, la classification de Reicha réduite à trois accords.

ment propre à manifester le sentiment qui de sa nature est un mouvement. Il ne s'agit, pour faire de la musique, que de les employer d'après la tonalité et modalité du système; en d'autres termes, avec l'intelligence de leur relation soit d'intonation, soit de durée. Cette intelligence n'est autre chose que le sentiment même de l'art; nous allons essayer d'en donner l'analyse fort imparfaite, sans nul doute, car ce sont des choses qui se sentent avant tout.

Et d'abord, lorsqu'on compose de la musique, on a une intention, un but quelconque; nous devons donc supposer qu'on est fixé sur le mouvement qu'on se propose d'employer : *allegro, moderato*, *andante* ou tout autre; ainsi que sur sa division ou mesure en 2, 3 ou 4 temps; que le son fixe qui doit servir de tonique est déterminé; et enfin qu'on a mentalement entrevu les jalons principaux de la basse; la marche de la basse. Toutes choses que le compositeur saisit à la fois et d'une manière indivisible :

Le ton ou son fondamental qui doit servir de tonique, une fois déterminé; les six autres sons de la gamme étant, ainsi que nous l'avons vu, engendrés par lui, en dépendent; il y a de la sorte entre eux relation intime et dépendance. D'où la conséquence que si on veut faire quelque chose d'intelligible dans l'unité et la variété, on est obligé de respecter cette dépendance et de faire converger les sons plus ou moins autour de la tonique, qui seule, placée dans les conditions voulues, produit l'impression de repos complet, l'impression terminative. Différemment, au lieu d'unité et de variété, on ne produirait qu'une série plus ou moins informe, sans but, sans portée.

Dessin musical. Harmonie plaquée. — Employer ainsi les sons avec l'intelligence de leur relation au point de vue de l'intonation, et en les supposant d'égale durée, c'est ce qu'on appelle en musique le dessin, sans doute à cause de la configuration des sons sur le papier : dessin mélodique, si les sons de la gamme sont émis successivement; s'ils sont émis simultanément, cela s'appelle de l'harmonie plaquée.

Rhythme. — La division produit la mesure; la relation engendre le rhythme; et, de même que les intonations diverses convergent autour de la tonique pour produire le dessin dans son unité et variété, les diverses durées convergent autour de la durée fondamentale pour engendrer le rhythme ou unité et variété de durée[1]. La mesure divise la phrase musicale en huit parties; elle jalonne de la sorte symétriquement le rhythme, et en frappe les parties fortes ou les temps forts.

Contre-point. — S'il y a plusieurs durées produites simultanément, il faut les harmoniser, mettre des points contre des points; de là sans doute l'usage d'appeler contre-point l'harmonie des durées.

Ainsi, l'intonation, le mouvement et sa durée, étroitement unis et employés avec le sentiment de leur relation, produisent la musique sous toutes les formes imaginables[2], et toute musique; car, dans tous les temps et chez tous les peuples, la musique ne saurait être autre chose que la relation, diversement comprise, de ces trois éléments.

Modulation. — Jusqu'ici, nous n'avons parlé que de la musique dans un ton déterminé. Nous allons dire un mot de la modulation.

La modulation consiste dans la liaison de plusieurs tons, ce qui signifie simplement la liaison de gammes ayant pour tonique un son fixe, différent; elle a lieu suivant le genre diatonique, chromatique ou enharmonique.

1. Voir chap. IV, le rhythme et la mesure.

2. Le rhythme et le dessin réunis engendrent la mélodie; l'harmonie plaquée et le contre-point produisent l'harmonie dans le sens large du mot. Il y a du contre-point de diverses espèces; néanmoins, ce mot réveille toujours l'idée des durées dont la relation a lieu notes contre notes; idée insuffisante pour désigner la musique moderne : en effet, l'introduction franche du rhythme a transformé l'art; le rhythme a mouvementé, passionné, dramatisé la musique, et créé un genre nouveau. Envahisseur par nature, d'accessoire qu'il était, il est devenu partie principale dans la musique moderne; il serait donc essentiel de créer un nouveau mot pour exprimer cette transformation de l'art.

La modulation ne change rien à ce que nous avons dit. Ce n'est, en quelque sorte, qu'une manière plus large de comprendre la relation des sons : au lieu de la restreindre aux sons de la même famille, de la même corde, la modulation établit des relations directement ou indirectement avec toutes les familles de sons.

De la sorte, le compositeur a à sa disposition une variété infinie de sons, variété qui lui permet, suivant son degré d'intelligence, l'ampleur de ses idées, d'exprimer les nuances de sentiment les plus délicates, ainsi que les transitions les plus brusques, les plus inattendues.

Avec les ressources de la modulation, la gamme n'est pas réduite à sept sons, elle est illimitée : par ses liaisons et combinaisons, comme la palette du peintre, elle fournit au compositeur habile toutes les nuances dont il a besoin.

Une gamme de plus de sept sons serait donc une superfétation plutôt qu'une richesse : les fonctions de chacun des sons de la gamme étant déterminées, les nouveaux sons qu'on introduirait seraient nécessairement sous la dépendance de ceux-ci, et ne serviraient que de remplissage, pour ainsi parler. Néanmoins, réduits à sept sons, nous ne prétendons pas dire que les intervalles musicaux ne soient susceptibles d'autres combinaisons que celles qui nous ont servi à établir la gamme : nous pensons même le contraire.

Déclamation. — Nous nous croyons obligé de dire quelques mots de la déclamation, ne serait-ce que pour justifier l'extension attribuée au mot musique dans l'introduction.

Et, d'abord, nous remarquerons qu'il s'agit de durée et d'intonation, en musique proprement dite, comme pour la déclamation.

La loi de relation des sons employés dans la musique et la déclamation doit être la même, puisqu'elle est basée sur la simplicité des rapports des sons (chap. II).

L'unité dans la variété des sons, dont il est question un peu plus haut, est une nécessité de la déclamation comme de la musique ; cette unité est moins rigoureuse dans la déclamation oratoire, et cela se conçoit, puisqu'il s'agit de prose au lieu de vers.

On le voit, la déclamation se compose des mêmes éléments que la musique proprement dite ; elle est régie par les mêmes lois et subit les mêmes nécessités : seulement, la musique chantée ou jouée emploie ces éléments avec toute l'extension dont ils sont susceptibles, tandis que la musique déclamée les emploie dans des proportions réduites. D'où il résulte qu'en déclamant avec soin une mélodie, on peut reproduire le rhythme, le dessin et les modulations, absolument comme un modèle réduit du Panthéon reproduirait cet admirable monument avec tous ses détails.

A cause de l'extension des intonations et des durées, il y a eu nécessité pour la musique chantée ou jouée d'indiquer avec précision l'intonation et la durée de chaque son au moyen de signes spéciaux[1] ; et bien que ces signes n'existent pas pour la musique déclamée de notre époque[2], elle n'en a pas moins un rhythme et un dessin parfaitement appréciables ; à ce point que, lorsque l'artiste incline trop vers le dessin, on dit qu'il a le défaut de chanter en déclamant ; si c'est vers le rhythme qu'il penche, il a le défaut contraire[3]. La juste proportion de ces deux éléments constitue la bonne déclamation, déclamation simple, naturelle, dont, parmi les artistes de l'époque, Mlle Rachel est un

1. Et c'est sans doute à cette nécessité qu'est due la musique instrumentale ou musique sans paroles ; peut-être aussi que, pour désigner la musique sans paroles, musique qu'il fallait bien écrire avec des signes quelconques, on a restreint l'acception du mot *musique* à la musique qui s'écrit avec des signes spéciaux.

2. D'abord, il serait souvent impossible d'apprécier les sons employés dans la déclamation; ensuite il faudrait nécessairement créer de nouveaux instruments pour les jouer, les nôtres étant insuffisants.

3. Il y a, il est vrai, des artistes qui ne comprennent dans le vers que la rime; mais ce ne sont pas ceux-là qu'il faut citer comme modèles.

exemple : elle fait de la musique que nous suivons parfaitement, et nous ne verrions aucun inconvénient à ce qu'on mît sur l'affiche : paroles de Racine ou Corneille, musique de Rachel; ou plutôt : paroles et musique de Corneille ou Racine, interprétées par Rachel : car, ici comme pour la musique chantée, l'artiste s'assimile l'œuvre et la manifeste comme sienne.

CHAPITRE VI.

DOUBLE INFLUENCE DE LA MUSIQUE SUR L'HOMME.

Nous avons défini le son musical, le mouvement perçu par l'ouïe. D'après le chapitre qui précède, nous n'aurions qu'à ajouter un mot pour appliquer la définition à la musique : la musique est le mouvement intelligent perçu par l'ouïe.

En effet, nous avons vu qu'un mouvement étant donné, *allegro*, *andante* ou tout autre, les sons de la gamme employés avec l'intelligence de leur relation engendrent le dessin ; les durées du mouvement employées avec l'intelligence de leur relation engendrent le rhythme ; donc dirigé, employé avec intelligence, le mouvement devient musique.

La musique est dès lors éminemment propre à manifester au point de vue du beau, le mouvement de ce qui est ; et cela explique pourquoi elle est intelligente pour l'homme, comment elle est une langue susceptible d'exprimer le sentiment, qui de sa nature est un mouvement. Mais ce n'est pas tout, en manifestant le mouvement, elle éveille, provoque, excite en lui, par sympathie, ce qui est susceptible de mouvement : le cœur et les mouvements volontaires.

Telle est sa double influence sur l'homme ; influence physiologique ou sentimentale suivant qu'elle s'adresse au cœur ou aux mouvements volontaires. Évidemment son influence s'exerce aussi, mais indirectement, sur les mouvements involontaires qui entretiennent la vie et président à l'organisation ; jusqu'ici on ne s'en est pas sérieusement occupé, et pourtant le sujet ne manque ni d'importance, ni d'utilité pour l'humanité.

Si le rhythme domine, comme dans les airs de danse, les marches, les pas redoublés, etc., la musique s'adresse pour ainsi dire aux mouvements matériels; si au contraire c'est le dessin qui domine, comme dans les mélodies dites expressives, c'est aux mouvements immatériels, au cœur qu'elle parle.

C'est ainsi que la double influence de la musique, heureusement combinée, a pour but d'améliorer[1] l'homme physique et moral, en développant, excitant en lui la vie du cœur et du corps par l'attrait du beau immatériel qu'elle manifeste : je veux dire le mouvement et sa relation.

D'après la nature des éléments dont se compose la musique[2], on aperçoit que son influence, bien que variable avec les individus, n'en est pas moins universelle pour tout homme qui n'est pas privé du sens de l'ouïe. C'est surtout l'influence du rhythme qui, incontestablement, est universelle, car il agit même sur les animaux; il anime, soutient les forces du cheval de bataille, lui donne du courage, même de la témérité.

Le rhythme a la propriété de sécréter pour ainsi dire des forces, d'en faire surgir des sources ignorées des personnes elles-mêmes[3] : c'est ainsi que des êtres faibles comme la femme peuvent, sous l'influence du rhythme, faire, en dansant une nuit entière, une dépense de force bien supérieure à celle dont on les croit capables.

1. L'amélioration est le but des arts et de la science; la question n'est pas de savoir s'ils atteignent ce but, mais si tel est le but.

2. Mouvement et relation.

3. On ne soupçonne pas tout le parti qu'il y a à tirer du rhythme, soit pour développer les forces de l'homme, modifier les parties faibles de son organisation, etc. Les chasseurs de Vincennes sont une preuve évidente de sa puissance; c'est au rhythme ou application de la relation aux mouvements du corps, qu'ils doivent leur supériorité. L'influence du rhythme est telle qu'elle agit même sans le secours des sons, par le seul entraînement de la relation.

Jusqu'ici nous n'avons parlé que de la musique sans paroles. Si on ajoute à la musique la puissance de la parole qui éclaire l'intelligence, on aura à la fois le sentiment et l'intelligence, et conséquemment le plus haut degré d'influence que l'art puisse exercer sur l'homme. Dans ce cas, la musique donne à la parole des proportions gigantesques, qui amènent une transformation complète de l'appareil phonateur; transformation que les physiologistes n'ont pas dû soupçonner et que nous expliquerons dans la physiologie de la voix humaine chantée et déclamée, que nous nous proposons de publier.

CHAPITRE VII.

TEMPÉRAMENT.

Le plain-chant a huit gammes, ou plutôt, nous l'avons déjà dit, huit manières de faire la même gamme; et, à l'aide de certaines modifications, inutiles à expliquer ici, on a tiré les huit tons du plain-chant : quatre dits authentiques, quatre plagaux.

Le système moderne n'a, au contraire, qu'une gamme majeure ou mineure, et, malgré cette pauvreté apparente, il dispose pourtant de plus de sons que le plain-chant, parce que cette gamme, toujours la même, se jouant sur tous les tons, c'est-à-dire en prenant un son quelconque pour tonique ou fondamentale, il suffit de changer de tonique, ce qu'on appelle moduler, pour avoir à sa disposition tous les sons imaginables; la modulation, ou passage d'un ton à l'autre, est impossible dans le plain-chant, où chaque ton fait des choses différentes, spéciales, et où on a pris à tâche précisément de donner à chacun des huit tons une physionomie indépendante.

Les gammes du plain-chant n'exigent pas le tempérament : elles n'en sont pas susceptibles. Nous allons voir, dans le système moderne, en quoi il consiste, ce qui le rend nécessaire.

Sur un instrument comme la voix, le violon, etc., où les sons ne sont pas fixes, le ton ou son fondamental peut être considéré comme quelque chose de mobile, d'indéterminé; mais, sur un instrument à sons fixes : piano, clarinette, hautbois, flûte, etc., cette indétermination n'a pas lieu.

La relation des sons de la gamme est si intime avec la tonique ou fondamentale qu'un tuyau ne saurait donner qu'une gamme parfaitement juste. Il faudrait donc un instrument spécial ou des tuyaux de rechange pour chaque fondamentale; et, comme il y a dans notre système seize[1] fondamentales ou tons plus ou moins usités, cela exigerait, à la rigueur, trente-deux instruments : seize pour le mode majeur, seize pour le mode mineur.

Cette multitude d'instruments serait un embarras bien plus qu'une richesse ; d'ailleurs, les modulations fréquentes de la musique moderne en rendraient l'usage à peu près impossible.

Aussi a-t-on imaginé de construire des instruments à sons fixes, propres à jouer la gamme majeure et mineure en prenant pour fondamentale un son quelconque; et, pour y arriver sans trop choquer l'oreille, on a dû tempérer, non pas la gamme écrite, comme on le dit fort improprement, mais les instruments à sons fixes : piano, clarinette, hautbois, flûte, etc.

Nous attachons une grande importance à cette distinction, futile en apparence, parce qu'elle a entraîné ceux qui n'y ont pas pris garde dans une fausse route. En effet, le tempérament s'appliquant à la gamme écrite et non à l'instrument, on est porté à la diviser en douze parties, et à raisonner comme s'il y avait une gamme vraie, une gamme tempérée, une autre chromatique, et enfin une quatrième enharmonique : tandis qu'en réalité, dans notre système, il n'y a qu'une gamme vraie, majeure ou mineure, et que la gamme tempérée, la gamme chromatique et la gamme enharmonique, ne sont que la conséquence de la construction de l'instrument. C'est ce qui va ressortir avec évidence de l'examen auquel nous allons nous livrer sur l'origine des dièses et bémols.

Qu'est-ce qu'un dièse? Qu'est-ce qu'un bémol? Y en a-t-il dans la gamme?

Les dièses et les bémols ne sont autre chose que des sons supplémentaires indispensables pour construire un

1. Sept avec des dièses, sept avec des bémols, plus le ton d'*ut* majeur et *la* mineur.

instrument à sons fixes, propre à jouer la gamme du chapitre IIIe, en prenant pour tonique l'un des sons de cette gamme (*ut ré mi fa sol la si*); aussi, en prenant successivement pour tonique l'un de ces sons, on est obligé d'introduire six sons supplémentaires.

Ces gammes, dites en mode mineur, exigeraient trois sons supplémentaires, en tout neuf sons supplémentaires[1], qu'on appelle dièses ou bémols, suivant qu'on les a introduits pour suppléer une note de la gamme vraie trop basse ou trop élevée.

Si, dans cet état, on parcourt l'instrument, on a

♯ ♯ ♯ ♯ ♯
ut ré mi fa sol la si ut,
♭ ♭ ♭ ♭

et, en distinguant par des couleurs les sons supplémentaires, afin de ne pas encombrer la série de nouveaux mots, cette suite de sons produira à l'œil et à l'ouïe une gamme chromatique à intervalles infiniment petits.

En outre, et pour simplifier la construction de l'instrument, bien que les dièses et les bémols soient des choses différentes, puisque les uns remplacent des sons de la gamme qui étaient trop bas, tandis que les autres remplacent des sons qui étaient trop haut, on les a tempérés, enharmonisés, de manière que le même son pût servir de dièse ou de bémol; et on a réduit de la sorte les sons supplémentaires à cinq, qui sont les cinq touches noires du piano. Telle est, dans toute sa simplicité, l'origine des dièses et des bémols, leur raison d'être dans notre système.

Dans cet état, l'instrument est tempéré, chromatique et enharmonique, c'est-à-dire qu'il est propre à produire une gamme tempérée de sept sons, majeure ou mineure dans un ton quelconque[2]; et, en outre, une série de sons apparte-

1. *Fa*♯ *ut*♯ *sol*♯ *ré*♯ *la*♯ *si*♭; et *mi*♭ *la*♭ *ré*♭.
Je ne me préoccupe pas des modifications qu'il faudrait faire subir aux autres sons de la gamme; je ne veux que signaler les sons nouveaux à introduire indispensablement.

2. Et à cet effet, on met des signes : dièses ou bémols à la clef, pour

nant à tous les tons, série chromatique parce qu'en effet, elle a une certaine couleur par le rapprochement, le choc des intervalles de divers tons.

Nous avions donc raison de tenir à ce qu'on vît clairement que c'est l'instrument qui est tempéré, et non la gamme écrite : cette confusion, nous l'avons dit, a amené une série d'erreurs les plus grossières, en laissant croire à l'existence d'une gamme tempérée, d'une autre chromatique, d'une autre enharmonique, et, conséquemment, d'une musique correspondant à ces trois gammes ; comme s'il était possible de faire de la musique avec des sons de tous les tons et de tous les modes. Ce serait un arlequin musical, ou encore quelque chose d'éminemment propre à engendrer le chaos : où serait, d'ailleurs, l'utilité de pareilles gammes, avec la facilité qu'on a dans notre système de moduler à volonté, et d'avoir ainsi à sa disposition des variétés infinies de sons ?

Mais ce n'est pas tout. Placé sur ce terrain, on a été entraîné scientifiquement à faire des théories de tempérament d'une application impossible ; heureusement, ici, comme en beaucoup de choses, les véritables artistes, facteurs d'instruments ou compositeurs, sans discuter ni comprendre les théories, suivaient d'instinct la bonne voie.

Dans tout ce qui précède, je n'ai eu que l'intention d'indiquer à quel point de vue il faut se placer pour arriver au tempérament, pour le comprendre ; ce n'est, en quelque sorte, qu'une préparation indispensable pour débarrasser l'esprit des erreurs et des préjugés répétés dans les livres qui s'occupent de musique. Quant à la formule du tempérament, elle se présentera naturellement lorsque je traiterai de la théorie de la facture des instruments ; alors, on verra s'il doit être égal ou inégal.

indiquer dans chaque ton, les sons supplémentaires qui doivent remplacer les sons de la gamme naturelle de l'instrument.

RÉSUMÉ DE LA PREMIÈRE PARTIE.

Nous avons fait tous nos efforts pour expliquer avec clarté l'origine de la gamme. Mais nous ferons remarquer pour notre justification, qu'il est extrêmement difficile d'être clair pour tout le monde dans le passage du fait scientifique au fait artistique.

Le fait scientifique qui nous sert de base est le phénomène de la corde vibrante (son fondamental et harmoniques de la corde en vibration); le fait artistique c'est la tonalité du système. Les uns comprendront le fait scientifique et les données numériques qui s'y rattachent, mais n'ayant pas une intelligence égale de la tonalité du système, ils auront de la peine à suivre le fait scientifique dans sa transformation en une gamme résumant le système; les autres, au contraire, comprennent ou plutôt ont le sentiment de la tonalité, mais c'est le fait scientifique et sa liaison avec la gamme qui leur échappe. Cette difficulté du reste n'est pas nouvelle; elle est la principale cause de l'antagonisme des musiciens et des mathématiciens à diverses époques; elle explique à la fois leurs prétentions exclusives et l'inutilité de leurs efforts pour établir une théorie rationnelle de la musique, exclusivement avec des nombres ou avec la seule sensation.

Une gamme, nous ne saurions trop le répéter, est le résumé du système, et cela doit être, puisqu'elle n'est ou ne peut être que le recueil des intervalles du système rangés par ordre et *déduits de la tonalité du système;* pour faire de la musique il n'y a donc qu'à employer ces sons successivement ou simultanément (mélodie ou harmonie) avec l'intelligence de leur relation, c'est-à-dire l'intelligence de la tonalité; c'est là tout le mystère, toute la théorie de la musique : elle est bien simple et si simple qu'on n'y a pas songé, tant les choses trop près de nous nous échappent.

La musique pour être exécutée, exige un interprète, un

instrument et enfin une salle convenable; nécessairement ces choses doivent avoir entre elles une certaine relation; aussi est-il bien naturel de penser que les théories de l'expression, de la construction des instruments de musique et des salles de musique se déduisent directement ou indirectement des bases qui nous ont servi à établir la gamme.

De la sorte, la gamme du système moderne embrassera le système et le liera dans ses ramifications les plus éloignées, et elle-même, s'appuyant sur la science, prendra pour point de départ le phénomène du son fondamental et les harmoniques de la corde en vibration.

En terminant la première partie, nous ferons remarquer, moins pour nous en faire un mérite auprès du lecteur, que pour montrer nos droits à son indulgence : qu'en simplifiant la définition du son musical au mouvement[1] perçu par l'ouïe, ou plutôt *à ce que l'ouïe perçoit*, et plaçant ainsi l'art dans la région immatérielle qui lui convient, nous avons eu à parcourir une route toute nouvelle, difficile, périlleuse, pour établir sa théorie sur des bases rationnelles : *lois des sons* et *tonalité*. Beaucoup d'autres, sans doute, avaient compris avant nous qu'il fallait s'en rapporter à ce que l'ouïe perçoit, mais par une inconséquence inexplicable, nul n'a songé que ce que l'ouïe perçoit a des lois auxquelles le compositeur, sous peine d'engendrer le chaos, d'être incompris, de manquer de génie, obéit instinctivement.

Si j'ai mal expliqué ces lois, si je les ai appliquées de travers, si j'ai mal analysé la tonalité, d'autres corrigeront, modifieront, changeront même les bases que j'indique, ou en tireront des conséquences qui m'ont échappé; mais on ne devra pas oublier qu'en l'état des choses, le difficile n'était pas de bien faire, mais de faire.

1. L'ouïe fournit des données plus complètes du mouvement que la vue : par ce sens on a vu qu'il est possible d'analyser le mouvement comme s'il existait matériellement en dehors des corps qu'il anime; à ce point qu'au lieu de marcher comme ce philosophe de l'antiquité pour prouver le mouvement, on pourrait se contenter de dire : ouvrez les oreilles.

DEUXIÈME PARTIE.

THÉORIE DE L'EXPRESSION.

CHAPITRE PREMIER.

CE QUE LES SIGNES DISENT ET CE QU'ILS NE SAURAIENT DIRE. — L'EXPRESSION, C'EST CE QU'ILS NE PEUVENT DIRE.

Pour bien juger en quoi consiste l'expression, il faut se rendre un compte exact de ce que les signes écrits disent, et de ce qu'ils ne peuvent dire.

L'écriture musicale est destinée, au moyen de signes convenus d'avance, à indiquer à la fois la nuance du mouvement, l'intonation ou acuité, sa durée, son intensité et même le timbre.

Les mots *presto*, *allegro*, *moderato*, *adagio*, *largo*, etc., indiquent les nuances du mouvement.

On se sert de lignes parallèles, de clefs, de dièses et de bémols pour indiquer l'intonation.

Pour la durée, on emploie des barres de mesure; et pour diviser la mesure, on a des notes de certaines formes appelées carrées, rondes, blanches, noires, croches et enfin le point, etc.; pour la durée du silence, on a aussi des signes de formes diverses.

Les nuances d'intensité s'indiquent au moyen de divers signes.

Le timbre ne s'indique guère; on n'a pas de moyen satisfaisant, ou plutôt on n'en a pas bien compris l'importance.

Ces signes qu'on a complétés successivement et à tâtons, au fur et à mesure des exigences de l'art, de sa transformation, n'ont pas de base rationnelle; on ne s'est pas suffisamment rendu compte du mouvement, de la durée et de l'intonation en les établissant : c'est ce qu'on verra en toute évidence dans le chapitre suivant; néanmoins, s'ils étaient moins imparfaits, c'est-à-dire que les indications du mouvement, de l'intonation et de la durée, l'intensité, le timbre fussent rationnellement établies, ils ne pourraient indiquer ces choses que d'une manière absolue.

Pour être irréprochables, il faudrait que chaque note de la phrase musicale indiquât son mouvement, son intonation, sa durée, son intensité et son timbre, non pas seulement d'une manière absolue, mais en outre d'une manière relative, afin d'exécuter la phrase dans une parfaite relation, en d'autres termes dans l'unité.

Or, cette relation est le sentiment de l'art, c'est l'intelligence même des choses; et on aurait beau l'écrire, en supposant que cela fût possible, ces signes n'auraient de valeur que pour ceux qui auraient déjà intérieurement l'intelligence de cette harmonie, de cette unité.

L'expression se compose donc essentiellement de ce qui ne s'écrit pas, et ne saurait s'écrire, c'est-à-dire de la relation dans l'intonation, la durée, l'intensité, le timbre. C'est cet instinct de relation qui produit l'unité de sentiment; sans relation il n'y a pas d'unité, sans unité il n'y a pas de sentiment manifesté pour l'auditeur; il n'y a que confusion, conséquemment absence d'expression et nécessairement de style, puisque le style n'est que la manière dont on a compris l'expression.

CHAPITRE II.

IMPERFECTIONS DES SIGNES. — MOYENS D'Y REMÉDIER.

Les signes, nous l'avons dit, doivent indiquer le mouvement, l'intonation, la durée, l'intensité, le timbre. Nous ne nous occupons que du mouvement, de l'intonation et de la durée.

Voyons la durée :

La mesure divise la phrase musicale en 8 parties, et chaque mesure se subdivise en 2, 3 ou 4 parties appelées temps. Au premier abord rien ne paraît plus rationnel; mais si l'on réfléchit que le rhythme a envahi successivement le système moderne, l'a transformé en y jouant le principal rôle, on s'apercevra que cette division de la mesure est insuffisante; quelquefois même elle contrarie le rhythme; et cela ressort de l'incertitude, du tâtonnement des signes de durée : quelquefois ils indiquent le temps et la mesure (2, 4, 3, etc., etc.) : d'autres fois ce n'est ni le temps ni la mesure ($\frac{3}{8}$ $\frac{6}{8}$ $\frac{9}{8}$ $\frac{12}{8}$, etc., etc.). Enfin dans le courant de la mélodie le compositeur met, lorsqu'il le juge nécessaire, des indications pour changer la valeur des notes (3 pour 2, 6 pour 4, 12 pour 8, etc.).

C'est que le rhythme n'est pas une simple division; c'est la relation de la durée : or, la relation dérivant de la simplicité des rapports (chapitre II, Ire partie), la division par 2 et par 3 de la mesure est insuffisante pour la manifester. Dès lors, toutes les fois que le rhythme est saillant, c'est lui qui maîtrise les divisions de la mesure, et dans ce cas la mesure se borne, à cause de sa division symétrique, à marquer les temps forts du rhythme.

Mouvement. — Le mouvement s'indique par les mots *allegro*, *moderato*, *andante*, etc., écrits en tête de l'œuvre.

Depuis le métronome de Maëlzel, et afin de déterminer le mouvement avec une précision mathématique, on a accolé au mot le numéro du métronome correspondant à une note de la mesure. C'est qu'en effet, connaissant la mesure et la durée d'une de ses notes, il est facile d'avoir la durée de la mesure, et des mesures de la phrase musicale, et conséquemment d'arriver à reproduire la durée du mouvement indiqué avec une précision mathématique.

Les compositeurs ont ainsi un moyen certain d'indiquer aux chefs d'orchestre, aux musiciens, le mouvement précis dans lequel ils entendent qu'on exécute leur musique, et c'est là sans doute un précieux avantage, mais il n'en est pas moins vrai que pour l'élève, pour celui qui apprend, le métronome ne peut qu'éloigner de son esprit l'idée du mouvement, idée une, indépendante des divisions de la mesure.

Le mouvement et la durée sont deux choses différentes; le mouvement existe de lui-même; on peut se le représenter par la vitesse d'un corps dans l'espace[1]; la durée mesure le mouvement, mais le mouvement existe qu'on songe ou non à le mesurer en deux, trois ou quatre temps. Or, avec un fragment quelconque de la durée, on peut bien, lorsqu'on est déjà musicien, arriver facilement au mouvement; mais il est impossible à l'élève qui ne sait rien, et qui a tant de choses à apprendre simultanément, d'avoir de la sorte, avec un lambeau de durée, l'idée suffisante, l'idée rationnelle du mouvement.

Intonation. — La place des notes sur la portée indique l'intonation; mais il arrive souvent, par suite des accidents qu'on trouve à la clef (dièses ou bémols), que la même note pour l'œil est susceptible de trois intonations différentes suivant le ton (naturelle, dièse ou bémol).

1. Ainsi nous aurions compris qu'on se fût servi, pour montrer le mouvement aux yeux, des oscillations de la tige du métronome; mais on n'y a pas songé, on n'a songé qu'aux coups.

Après cette analyse critique des signes employés dans la musique moderne, indiquons les moyens de remédier à leurs imperfections, sans pourtant les changer, car il est plus facile en musique d'améliorer ce qui est, que de le remplacer. Et d'abord parlons de l'intonation.

Le même signe pour l'œil est susceptible de trois intonations; mais en outre et en supposant que cet inconvénient disparût, c'est-à-dire que le même signe indiquât constamment et absolument la même intonation, sa fonction dans les divers tons[1] suffirait pour produire à l'oreille un effet différent.

D'où il résulte que pour obvier à l'imperfection des signes d'intonation, il faut s'attacher à reconnaître, outre l'intonation absolue, la fonction des sons dans la tonalité, c'est-à-dire s'attacher à reconnaître dans chaque ton la tonique, médiante, sous-dominante, dominante, sus-dominante, sensible; et pour y arriver plus facilement il faut vocaliser les notes ou les jouer sans songer à leur nom mais bien à leurs fonctions.

Ce sentiment de la tonalité, suffisamment développé, les imperfections des signes s'amoindriront, parce qu'on sera guidé, non pas seulement par le signe matériel, mais par la relation; c'est ainsi que par la relation des idées nous saisissons les lettres et les mots indéchiffrables de l'écriture usuelle.

Quant aux nuances de mouvement, les mots consacrés *presto*, *allegro*, *moderato*, etc., les indiquent; il n'y a qu'à se faire une idée précise de ces nuances, en les comparant entre elles : et à cet effet nous avons construit un métronome véritable qui donne des mouvements et non des coups. En attendant, et toutes les fois qu'on trouvera dans la musique imprimée un chiffre à côté des mots *allegro*,

1. Chaque son peut être, suivant le ton dans lequel est écrite la musique, tonique, sus-tonique, médiante, sous-dominante, dominante, sus-dominante, sensible.

moderato, *allegretto*, etc., il faut se figurer que par erreur le graveur a mal placé ce signe, c'était plus bas qu'il devait le mettre, c'est-à-dire à côté de la mesure; c'est qu'en effet le chiffre du métronome de Maëlzel donnant toujours une note de la mesure, ne devait pas être placé ailleurs, à moins d'embrouiller tout à plaisir.

Pour la durée, nous avons vu qu'elle est susceptible de division et de relation (mesure ou rhythme); il faut donc s'attacher constamment à sentir les deux choses, division et relation; et comme par la division symétrique la mesure se trouve marquer les temps forts du rhythme, il faut arriver à une mesure irréprochable, en ne songeant qu'au rhythme et à ses temps forts.

CHAPITRE III.

EXPRESSION.

Nous l'avons dit, le signe écrit ne saurait indiquer la relation de chacun des éléments qui constituent la phrase musicale : mouvement, durée, intonation. Il n'indique ces choses que mesure par mesure ; on épelle, pour ainsi parler, la phrase, tandis qu'il faudrait la lire couramment pour apercevoir l'expression qui lui convient.

Donc la première condition, la condition indispensable pour arriver à l'expression, est d'embrasser la phrase musicale dans son ensemble; pour y arriver, il faut d'abord se faire une idée précise du mouvement, puis élargir l'idée de la durée : c'est-à-dire qu'au lieu de la comprendre par temps et mesure, il faut s'attacher à sentir les temps forts du rhythme, ses membres et leur carrure; s'exercer à exécuter la phrase comme un tout en parfaite relation de durée, et arriver ainsi à une mesure irréprochable en ne songeant, je le répète, qu'au rhythme, à ses temps forts, et à la carrure de ses membres.

De même pour l'intonation : c'est-à-dire qu'au lieu de s'attacher à l'intonation absolue du son dans la mesure, il faut sentir le dessin de la phrase; dessin intimement lié au rhythme de la phrase.

La phrase ainsi *lue et sue par cœur* dans son ensemble (relation de durée et relation d'intonation), on comprend qu'on sera dans les meilleures conditions pour voir le timbre et l'intensité qui conviennent à chacune de ses parties; afin de la colorer, lui donner l'expression voulue suivant le sens des paroles, l'esprit, le caractère du morceau, suivant l'espèce et le degré de puissance qu'on possède. C'est là ce qui constitue le style; c'est qu'en effet le style c'est l'homme, je veux dire l'artiste avec sa puissance et sa manière de l'utiliser.

L'expression n'est donc possible, je le répète, qu'alors qu'on embrasse dans son ensemble[1] la phrase musicale; alors seulement on est capable de sentir la relation de chacune de ses parties; alors on aperçoit nettement le timbre et l'intensité qui conviennent; alors on ajoute réellement à l'œuvre du compositeur (intonation et durée) quelque chose à soi : le timbre et l'intensité, éléments essentiels de l'expression[2].

1. De même pour la phrase parlée, il serait impossible, en l'épelant, d'en comprendre, d'en exprimer la beauté; il faut absolument la lire couramment, la voir dans son ensemble pour juger de l'expression qui lui convient.

D'ailleurs les mots en musique comme en littérature ont une valeur absolue, modifiable par l'entourage d'autres mots; en épelant il serait impossible d'arriver à ces modifications.

2. Il serait utile, indispensable même, puisque nous expliquons les conditions dans lesquelles il faut se placer pour arriver à l'expression, de parler de la prononciation lyrique; car il n'y a pas d'expression possible sans une bonne articulation, et pas de bonne articulation sans une émission normale de la voix; mais ne pouvant le faire d'une manière satisfaisante, nous préférons nous abstenir, et réserver le sujet pour la physiologie de la voix chantée et déclamée dont il a été question dans la première partie (chapitre VI); c'est là qu'il nous sera possible d'aborder les explications qui s'y rattachent.

Pourtant, afin de combler en partie cette lacune, nous nous bornerons à dire : que pour la voix chantée l'appareil de la phonation se transforme; il n'est plus dans les conditions de la parole usuelle, et la preuve c'est que tous les jours on voit des personnes dont l'articulation est parfaite pour la parole usuelle, et détestable dans la parole chantée; conséquemment la première chose, et la plus importante, est de s'attacher à ce que l'émission de la voix chantée soit normale, c'est-à-dire simple, naturelle. Si la voix est convenablement émise, l'articulation sera ou pourra aisément devenir bonne naturellement et sans y songer, comme *conséquence de la fonction normale de l'organe*, parce qu'ici l'articulation est évidemment subordonnée à l'émission de la voix; au contraire, si la voix est anormalement émise, l'articulation chantée sera défectueuse, et toutes les indications et les conseils du monde n'y pourront rien.

Nous voudrions pouvoir indiquer de suite les moyens de reconnaître la

CHAPITRE COMPLÉMENTAIRE.

QU'EST-CE QU'UN MUSICIEN?

Dans le monde on est peu d'accord sur ce qu'on doit appeler un musicien; pour les uns c'est celui qui déchiffre la musique à livre ouvert, avec la voix ou un instrument; pour les autres c'est le compositeur; et presque toujours on refuse le titre de musicien à tout individu qui ne sait pas lire la musique; sans réfléchir que si demain, par exemple, les signes actuels étaient changés, il n'y aurait plus de musiciens en France.

D'après les explications du chapitre précédent, nous voyons qu'il faut distinguer deux choses en musique : les signes écrits, et ce qui ne saurait s'écrire, ce qui se sent : la relation.

Dès lors, dans l'acception la plus large du mot, le musicien est celui qui sent la relation des sons en général[1], et spécialement la relation dans tel ou tel système; en outre, qui sait lire[2] et écrire les signes convenus.

bonne de la mauvaise émission de voix; mais cela ne sera possible, on le devine, qu'alors que nous aurons donné les explications nécessaires touchant les trois éléments qui composent la voix chantée : son, voix, articulation; et leur union intime avec la fonction respiratoire nécessaire à la vie.

En même temps nous signalerons pour la voix et la santé les dangers des exercices anormaux, ainsi que les bienfaits à espérer et pour la voix et pour la santé, d'exercices faits avec intelligence.

1. Les musiciens de l'antiquité, grecs ou autres, étaient musiciens comme les modernes; seulement leur système de musique était différent. Ils sentaient la relation des sons différemment que nous. Voilà pourquoi le musicien, dans l'acception large du mot, est celui qui sent la relation en général, et non la relation dans tel ou tel système.

2. Avec la voix ou un instrument.

A ce compte, il y aurait fort peu de musiciens; descendant de ces généralités pour nous renfermer dans l'art moderne et ses exigences, nous voyons d'abord deux grandes catégories de musiciens : les musiciens compositeurs, et les musiciens exécutants.

Le musicien compositeur sent la relation des sons, et la pratique dans ses œuvres; nécessairement il doit savoir lire et écrire la musique avec les signes convenus dans les systèmes de notre époque (plain-chant et musique moderne).

Le musicien exécutant sait lire les signes avec la voix ou un instrument; et à travers ce qu'ils ont d'absolu découvre leur relation; il la sent et la fait sentir aux autres.

Ce concours de deux artistes : l'un pour exécuter l'œuvre, l'autre pour la créer, est une nécessité de l'art qui a son bon côté, puisque par cette division de travail, chacun des deux artistes peut arriver pratiquement à un degré de perfection, et une ampleur de vues, impossible différemment à cause de la brièveté de la vie de l'homme.

Nous n'avons pas besoin d'ajouter que dans les deux catégories qui précèdent, il y a autant de variétés que d'individus; chacun peut marquer son rang sans crainte de gêner autrui; il y a place pour tous dans ce vaste cadre, depuis le plus infime musicien jusqu'au plus éminent.

On a dû remarquer que nous avons constamment insisté pour séparer le signe écrit du sentiment de relation; d'où il résulte qu'on peut savoir lire couramment la musique, et n'être pourtant qu'un croque-notes; et au contraire sans savoir les signes écrits on pourrait à la rigueur être musicien : c'est-à-dire sentir la relation des sons.

En outre, comme la musique est avec ou sans paroles, il faudra distinguer une troisième catégorie de musiciens : celle de l'exécutant, qui, à la musique proprement dite, joint la musique de la parole : c'est-à-dire l'artiste qui sent la musique de la parole isolément, et la musique sans parole; et la relation de ces deux choses.

En terminant, et ce n'est pas sortir de notre sujet, nous dirons un mot des auditeurs; les auditeurs peuvent se ranger en deux classes : ceux qui ont du plaisir à quelque degré d'être impressionnés par la sensation de la relation des sons, et ceux qui n'éprouvent de plaisir à aucun degré.

Les premiers composent l'universalité des auditeurs; universalité qui présente autant de variétés que d'individus; les autres, en les supposant placés dans les conditions convenables, sont apparemment affligés de quelque infirmité physique ou morale[1], puisqu'ils sont insensibles à l'impression de l'ordre, de la relation qui leur arrive par un sens éminemment intellectuel : le sens de l'ouïe.

1. En général on se fait une idée trop étroite de la musique; la musique n'est pas tel ou tel grand air, tel ou tel opéra; elle n'est pas instrumentale plutôt que vocale, etc., etc. La musique est partout où il y a relation perçue par l'ouïe : dans la plus petite mélodie chantée ou jouée, dans les vers bien dits, etc., etc.; à ce compte déjà, peu de gens voudront être rangés dans l'exception; mais j'ajoute qu'il suffit, qu'une fois en sa vie, un homme ait été impressionné par une mélodie quelconque, chantée ou jouée, pour affirmer qu'il est sensible à la musique, et que son insensibilité n'est qu'apparente.

En outre, pour goûter la musique, il faut certaines conditions : 1° être dans des dispositions d'esprit et de corps convenables; 2° commodément placé pour voir et entendre; 3° que la musique soit bonne, et non pas une série de sons liés d'après les règles de l'harmonie, mais sans but, sans intelligence; 4° bien exécutée, bien interprétée; 5° d'une longueur proportionnée aux forces humaines; trop longue, à la place de l'attrait c'est le dégoût qu'elle provoque; 6° en rapport avec le caractère, les goûts, les habitudes, le degré d'instruction et l'intelligence de l'auditeur, etc., etc.

FIN.

TABLE DES MATIÈRES.

FIN DE LA TABLE.

DE L'IMPRIMERIE DE CH. LAHURE (ANCIENNE MAISON CRAPELET),
rue de Vaugirard, 9, près de l'Odéon.

Sous presse :

TROISIÈME PARTIE

THÉORIE
DE LA FACTURE DES INSTRUMENTS DE MUSIQUE

THÉORIE DE LA CONSTRUCTION
DU LOCAL PROPRE A FAIRE DE LA MUSIQUE

PETIT TRAITÉ D'HARMONIE

Physiologie de la Voix humaine chantée

THÉORIE DU MÉTRONOME

DE L'IMPRIMERIE DE CH. LAHURE (ANCIENNE MAISON CRAPELET)
rue de Vaugirard, 9, près de l'Odéon

www.ingramcontent.com/pod-product-compliance
Ingram Content Group UK Ltd.
Pitfield, Milton Keynes, MK11 3LW, UK
UKHW021950260726
13994UKWH00004B/1649